eye.

守望者

——

到灯塔去

Giacometti
La rue d'un seul

[摩洛哥] 塔哈尔·本·杰伦 著　Tahar Ben Jelloun
尉光吉 译

贾科梅蒂
单人道

南京大学出版社

GIACOMETTI, LA RUE D'UN SEUL
© Tahar Ben Jelloun and Éditions Gallimard, 2006
Simplified Chinese translation © 2023 by NJUP
All rights reserved.

江苏省版权局著作权合同登记 图字：10-2020-41 号

图书在版编目（CIP）数据

贾科梅蒂：单人道 /（摩洛哥）塔哈尔·本·杰伦著；尉光吉译. —— 南京：南京大学出版社，2024.1
ISBN 978-7-305-27295-0

Ⅰ.①贾… Ⅱ.①塔… ②尉… Ⅲ.①贾科梅蒂（1901-1966）— 人物研究 Ⅳ.①K835.225.72

中国国家版本馆CIP数据核字（2023）第182380号

出版发行	南京大学出版社		
社　　址	南京市汉口路22号	邮　编	210093

JIAKEMEIDI: DANREN DAO

书　　名	贾科梅蒂：单人道		
著　　者	［摩洛哥］塔哈尔·本·杰伦		
译　　者	尉光吉		
责任编辑	刘慧宁	编辑电话	025-83592193
照　　排	南京新华丰制版有限公司		
印　　刷	南京新世纪联盟印务有限公司		
开　　本	787mm×1092mm　1/32　印张3.5　字数52千		
版　　次	2024年1月第1版　2024年1月第1次印刷		
ISBN	978-7-305-27295-0		
定　　价	56.00元		
网　　址：http://www.njupco.com			
官方微博：http://weibo.com/njupco			
官方微信号：njupress			
销售咨询热线：（025）83594756			

* 版权所有，侵权必究
* 凡购买南大版图书，如有印装质量问题，请与所购图书销售部门联系调换

目 录

001

单人道

069

画室访魅记

099

贾科梅蒂年表

单人道

在菲斯的麦地那（médina de Fès），有一条如此狭窄的街道，被称为"单人道"。那是步入迷宫的路线，漫长又幽暗。两侧房屋的墙，像是要在头顶相碰。从一个露台跨到另一个露台简直轻而易举。窗户面面相对，令彼此的私生活一览无余。如果只身一人尚能穿行，那么，负重的驴群想要通过，则无从谈起。

这街道在我心里扎根，如一段鲜活的记忆。我常常谈起它，哪怕说到底它并不重要。

当我观察贾科梅蒂的雕塑时，我知道，它们被做得又细又长是为了踏入这街道,乃至毫不费力地穿过它。似乎当我还是孩子时,我就遇到过它们了。青铜做的狗,那么长,那么瘦,可以说,以僵直又无止境的水平姿态贴着墙,与此同时,一个细长如丝的人在行走,他的头高出了露台,被强光照亮。

感谢贾科梅蒂,"单人道"成了一条多人道,动物们可以懒洋洋地沿街走动,就像两个未知的点连成的一条线。

那令我恐惧的街道已不再古怪,它为永恒运动的雕塑献出了空间。最妙的是从高处,从露台上察看,看到如此小的脑袋——大头针般的脑袋——下方撑着如此细的腿漫步,我感到有趣,却不明白青铜如何传达生命,目光中的生命,一种富于纯粹的生命,也就是,复杂的生命。

它们要去哪里?是谁把它们引入这古老破旧的麦地那?是谁把它们放到迷宫的路上,被频频发作的哮喘所震颤？

贾科梅蒂没有涉足其中。我甚至不清楚在瑞士小城斯坦帕（Stampa）长大的这个人是否有天来过菲斯。

如此的来来往往无须贾科梅蒂负责，它们赋予了"单人道"一种突然的活力，怪异得就像一种错觉。因为这些青铜或石膏制成的存在，个个都有其难以接近的独特之处，从极其孤独的黑夜里出来，重返死者冰冷的领地。暮色下，这些雕塑对我而言变得熟悉。我觉得自己离它们的孤独很近，沉浸于它们不安的傲气。我从它们中滑过，紧贴着墙壁。我将自己视作猫、狗，在茎秆尽头有着极小的脑袋。我迷失了。我冷了。路变暗了。我再也看不见什么。我的手触摸着一块近乎人形的金属长出的腿、背、手指。我明白一种永恒的氛围已降临这街上，用一张无边的沉默的裹尸布覆盖了那些存在。

它们自身就是沉默和安宁。我觉得自己打破了

《行走的人》,1960

《狗》，1957

一片来之不易的内在寂静。我是个闯入者，我打扰了它们。我会有这样的感觉，与其说是因为我投出惊讶的目光，倒不如说是因为我在呼呼地喘气。它们早已屏住呼吸。它们并没有停止呼吸。它们活着，也就是说，它们保持着警觉和审慎。面对这些瘦长的存在，我觉得渺小，它们把最低限度的空间变成了咄咄逼人的在场。

但它们在这条小巷上做什么？恋人相会于此是为了让彼此的身体在穿行时相抚相触。它们在替一位死者守夜吗？在聆听临终之人的遗言吗？还是在等候饱经幻灭的人到来，用目光传递这阵无边的沉默并献上生命？——不管是什么样的生命。

在黑夜厚重阴影的吸引下，我离开露台，融入雕像。冒着黑暗的危险，我伸出双手前行，像一位盲人。我的双手，我的手指，在观看。我想起了盲雕塑的故事：塑成几百年后，它醒过来，跟随一对恋人穿过田野。

那里，雕塑沉睡。它们失去了活力，但没有死亡。我的手抚摸青铜，试着认出一张熟悉的面容，一块已知的颈背，一道邻近的目光。我陷入了一阵不安。那不是恐惧，而是太过强烈的惊奇，以及仅此一次的确信。孤独拥有一副由饱含人性的双手打造的面容，这面容不是面具，而是茎秆顶端的脑袋，目光就生长在那上面，而茎秆看起来就像一具脱离一切的躯体，它的腿这么长，是为了永恒地行走，直到遇见另一副流露出呆愕神情的面容，在这熟悉的神情里，孤独不留痕迹地彼此相认。因为它们来自同一个深渊，来自绝对、彻底又毫不妥协的独一伤痛。这就是美。它不是和谐，不是行为和性情的规整，不是对光明和安逸表象的殷勤。我想握住塑造这些存在的手，不是为了让自己获得这些造物身上藏匿的秘密——贾科梅蒂自己也无法获知——而是为了度量它们的厚度和热度，因为它们必定战胜了流亡和痛楚、噪声和恶意。

《广场之二》,1947—1948

《广场(三个人像,一个头颅)》,1950

许久之后，"单人道"的黑夜记忆仍萦绕在我心头，我碰巧遇到了，不再是那些灰色或镀金的雕塑，而是照着它们仿制的有血有肉的存在。我不知是谁模仿了谁，但在血肉和青铜之间，有一种亲缘，一条或许是想象出的纽带。

我第一次见到塞缪尔·贝克特是在丹吉尔（Tanger），一个冬日。天色灰暗，那是贾科梅蒂特有的色彩，而贝克特在荒凉的城市沙滩上，迈着大步行走，两手背在身后。我与他擦肩而过，我觉得那是一个幻觉。这孤独的人踏着丹吉尔湿润的沙子，他的头在灰色的云中，沉默又从容。这是他还是他笔下的一个角色？这是他还是贾科梅蒂画室里逃出的一尊雕塑？

贝克特总让我想起贾科梅蒂的雕塑：叛逆地逃离了它的创造者，活在画室或美术馆外面。

或许是雕塑给了他太多苦恼，以至于他把雕塑遗弃在满是灰尘的角落，或留在桌下，而桌上则堆着失败的面容，或孤零零的黏土残块。

让·热内讲述了自己有天在贾科梅蒂的画室里发现了一尊被遗弃在桌子底下的雕塑。热内被它的美所撼动。当他对贾科梅蒂说起时，后者回答说："如果它真的很棒，即使我把它藏起来，它还是会现身。"[1]

贝克特会被艺术家不知不觉地用一双不满意的手掩藏、隐匿起来，他的面容和身躯沦入无名，等待一个没有星辰也没有光的灰夜。他的塑像自行显现，没有声息，没有言语，被疑难的黑夜带向遥远的海岸，那里仅存苦闷。

就这样，那独特的雕塑迈步于无限的时间，摆脱了目光下珍贵的孤独。

从此，不论置身地铁还是火车，不论身处菲斯的麦地那还是马拉喀什（Marrakech），我都寻找着贾科梅蒂的其他雕塑，它们拥有鲜活的身体、灼热的记

---

[1] 参见让·热内，《贾科梅蒂的画室：热内论艺术》，程小牧译，长春：吉林出版集团，2012年，第62页。——译注（如无说明，本书注释均为译注）

《趔趄的人》,1950

忆、恍惚的面容。

当然，并非一切皆可解释。但很快，那个人就向我传达了寻觅的请求，不是在美术馆里，而是在街上。我绝非绘画或雕塑的专家。我喜欢注视，单纯地注视，而不证实一套理论或对比各个文化。贾科梅蒂已向我传达了不朽又锐利的苦恼形象。

这和性情的琐碎问题无关。这关乎一把往往割得很深、切入活肉的刀。读到让·热内写的贾科梅蒂时，我明白了，如果美存于这深渊，那是因为"美只源于伤痛。每个人都带着特殊的、各自不同的伤痛，或隐或显，所有人都将它守在心中，当他想离开这个世界感受短暂而深刻的孤独时，就隐退在这伤痛中"。[1]

这既不是奢侈，也不是特权。这是世界当中的在场，没有苦难主义，没有戏剧情节。它沉默无声。如同死亡。旁人的死亡。然后是自己的死亡。我现在

---

[1] 参见让·热内，《贾科梅蒂的画室：热内论艺术》，程小牧译，长春：吉林出版集团，2012年，第30—32页。

理解让·热内了：他不愿占有，活得赤贫，没有固定的住处，没有行李，没有拖累的物品。他在眼镜盒里塞了一小张纸片，记着他所需的为数不多的几个电话号码。

那一天，贾科梅蒂因范·M.的死亡[1]发现了死亡的荒谬，他决定"住在临时居所"："正因为这起悲剧的事件，我一直住在临时居所，始终惧怕一切财产，惧怕安家、买房、活得体面，因为永远存在着那样的威胁。不！我宁愿住在旅馆里、咖啡馆里、过道上……"[2]

事实上，他通常就住在画室里，四周是他的造物或对这些造物的记忆——在场所的痕迹里，它们已被塑造、摒弃或隐藏——它们是从未完成的作品，但又

---

[1] 范·M.，全名为彼得·范穆尔斯（Peter van Meurs），是贾科梅蒂十九岁那年的意大利之旅途中结识的一位神秘的荷兰老人。
[2] 参见 Jean Clay, "Alberto Giacometti: le long dialogue avec la mort d'un très grand sculpteur de notre temps," *Réalités*, n° 215, 1963。

如雅克·杜班所说的，是"无止境的作品"。[1]

一张脸就是一个奇迹。每一个相貌都是独一无二的构造，其命运是成为灵魂的镜子。每一副面容都是一段记忆、一场冒险。

当我看着地铁上坐在我对面的一位移民劳工，一个阿拉伯人时，我想到了这些平庸的话。那人面露愁容。他的脸从上至下布满深深的皱纹痕迹。时不时地，他想要藏起那双被泪水浸湿的眼睛。他没有哭泣。但巨大的悲伤已然征服这疲倦的面孔。我从一旁观察他，试图揣测他生命里发生的主要故事。这不是游戏。这是好奇。我确定，这张留着几日的胡子的瘦削的脸，已为贾科梅蒂所塑造。或许是地铁氖灯的效果，那皮肤的灰色并非中性。那只能是贾科梅蒂的灰色，是众人离开舞会后剩下的颜色。抹灭的颜色。这

---

[1] "险峻又无限的诞生，与其说未完成的作品，不如说无止境的作品。"参见 Jacques Dupin, *Alberto Giacometti*, Tours: Farrago, 1999, p.16。

张脸需要那样的颜色。它就像照片或电影的黑白。它是传统色彩无法展示或涂改的现实。

地铁上悲伤的男人是黑白色。他并不承担哀悼或疾病的阴沉。灰色的脸上读得出伤痛。一双手已塑造了这面孔,以衰老的语调安放了痛苦,为的是触及崇高,一种离永恒很近的极度人性的美。这男人眼神深邃。他看不见任何人。他看不见我,哪怕我感觉他盯着我看。他的双眼必定向后注视,探入另一个时间,他注视着"其自身语气的回声",一阵持续良久的沉默的回声。

空无之中的脑袋?不是脑袋,而是陷入空无的脑袋的意象,它创造了其自身思想所组织的畏怕和恐惧。这个人有时死了,有时活着。他身旁刚凿出了一个空间,突显着他的恐惧、他的赤裸。那是"一个巨大的陌异的房间"(米歇尔·莱里斯)[1]。

---

[1] 参见 Michel Leiris, "Alberto Giacometti," *Documents*, n° 4, 1929, p.209。

《迭戈半身像》，1957

我们知道，如果我们长时间专注地打量画室里摆放的这张脸，它就会变成一场冒险："而冒险，伟大的冒险，就是每天看着某个未知的东西从同一张面孔上浮现。它比全世界所有的旅行还要伟大。"[1]贾科梅蒂说出并证明了这话，乃至于我们突然发觉目光的激情和耐心就在我们身上萦回。

从正面看，地铁上的男人受着煎熬。从侧面看，他就像一头野兽。贾科梅蒂在画肖像时曾告诉詹姆斯·洛德（James Lord）："从正面看，你会进监狱；从侧面看，你会进精神病院。"[2]凭表象去领会让我犯下了缺乏宽容和人情的罪。最糟糕的行为是受表象支配，那粗野、不公、冷酷无情的表象。我们为那些扰乱我们的表象寻找借口。这是我们自身内部的一场战斗。一张面孔经过了如此的打量和加工，以至于

---

[1] 出自贾科梅蒂《与安德烈·帕里诺的谈话》（"Conversation avec André Parinaud"）。参见 Alberto Giacometti, *Écrits*, Paris: Hermann, 1990, p.279。
[2] 参见 James Lord, *A Giacometti Portrait*, New York: The Museum of Modern Art, 1965, p.14。

贾科梅蒂能同他的模特开玩笑。此外，没有什么确定了下来。在为詹姆斯·洛德的面孔做了十八次尝试，画了十八张草稿之后，贾科梅蒂说："真遗憾，我们本可以进展得更多。这只是一个开始，但终归是别的东西。"[1]

我从来没有把小说的一个章节写过十八次。但我不会涂涂改改，而是直接撕毁整章，重写两三次，直到我发觉里面存在着贾科梅蒂所说的"别的东西"。我这么做是为了抵抗书中人物的固执，他们要求得到更好的对待，要求我延长他们的寿命，对此，我没法一直允诺他们。

如果词语擦破他们的面孔或刺入他们的灵魂，乃至严重地扰乱他们，他们会发出抗议。书写变得沉重、艰难，令人局促不安。

从表面的现实到另一个不可见的现实，这里面有

---

[1] 参见 James Lord, *A Giacometti Portrait*, New York: The Museum of Modern Art, 1965, p.63。

《穿毛衣的迭戈》，1953

《迭戈头像》，1959

双手的所有工作，双手摸索、探寻，觉得抓得住一个轮廓，然后带着更多的耐心和希望回到作品上，而不忽视任何一个点的极限——不论是真实的点，还是想象的点——那是被假定为仙境的视域，是一片被天穹降临的大火照亮的森林，是一个从黑夜的另一头低声传来的秘密。

为了抓住真实的极限，我动笔。我做不了别的，因为我所属的国度里，土地孕育着千年历史，而人们的想象如此丰富、难以预料、光怪陆离，我为了动笔只须谦卑地竖起耳朵，并牢记写实主义的不可能。一切飞逝。遗忘的石膏上，没有什么被永远地刻下。一切有待重新发明，因为"每一件事物都是难以置信地新的"。

所以，我动笔是为了不再拥有面容。这像是一句妄言，却也是自保的方式。在书背后销声匿迹，把书独自留给一场新的冒险。把书的一册，极薄的、远未完成的书，还给真实。

贾科梅蒂工作时不求"表达自己"。他每天直面着真实，并试图如其所见那般准确地予以呈现。他复制了真实。艰难的任务。"最难的，"他说，"是复制你所见的东西……你复制的绝不是桌子上的水杯，你复制的是视觉的残余。"[1]正是通过复制世界，他才看见了世界。只有提取某些对象并复制它们，他才能在世界中到场。它们和原物相似吗？无所谓。更紧要、更重大的是他试图传达的视觉，甚至是以弄错的方式。从一个人物身上，他只抓住目光。透过目光，他力求捕获悲伤，甚至首先是隐秘的悲伤。

地铁上阿拉伯移民的目光传达着什么样的伤痛？有必要谈谈这些伤痛并依次予以归类：被迫或自愿的流亡是一种伤痛。同故乡和他的亲友别离是另一种伤痛。几乎每天面对着一个充满敌意或无论如何不太友好的环境是羞辱的来源。又一种伤痛。形而上的和身

---

[1] 出自贾科梅蒂《与安德烈·帕里诺的谈话》。参见 Alberto Giacometti, *Écrits*, op.cit., p.273。

体的孤独也是一个难以承受的现实。

　　这样的移民遍布世界。他的处境并非例外。迁移历来是心碎和断肠之痛。先知穆罕默德,封印先知,就是伊斯兰大地上最早的移民。他不得不离开麦加以在麦地那寻求庇护,并在那里逝世。如此的断肠之痛可追溯至伊斯兰时代。今天是1990年的一天,也就是希吉来历1416年。"希吉来"意为迁移。这并不能改变一个事实,移民状态是现实的分裂状态,它唤起了存在深处的残酷。

　　贾科梅蒂或许塑造了从这些残酷中诞生的存在。他自己就出身于这样一种分裂:"我作画和雕塑是为了钻入现实,为了保护自己、滋养自己,为了壮大以更好地保护自己,为了更好地进攻、抓取,为了在所有层面和所有方向上尽可能地前行,为了让自己抵御饥寒和死亡,为了尽可能地自由。"[1]他只是定义了当

---

[1] 出自贾科梅蒂《我的现实》("Ma réalité")。参见 Alberto Giacometti, *Écrits*, op.cit., p.77。

《三个行走的人》，1948

人受到"历史暴力"或时间衰老的威胁之时，人的处境。我爱他身上这自保的意志。

如果我写作是为了不再拥有面容，是为了恢复那些被羞辱者的面容，那么这也是我自保的方式。

写作就是自保，首先是抵御自己，然后是抵御那些以羞辱为其自保方式的人。

让·热内叙述了他在火车上同一位老人的相遇。他明白了"无论什么人，尽管丑陋、愚蠢、凶恶，都可以被爱"[1]。如果一个人值得另一个人去爱，那么一件艺术作品，不管多么重要，都绝对无法推倒一个人，用它的重量碾压他并占据他的位置。"当我今天去卢浮宫时，"贾科梅蒂说，"我觉得，世上最美丽的雕塑，跟俯身向它的平凡但又如此真实、如此真切的老妇相比，都显得微不足道了……"[2]

---

[1] 参见让·热内，《贾科梅蒂的画室：热内论艺术》，程小牧译，长春：吉林出版集团，2012年，第47页。
[2] 参见 Jean Clay, "Alberto Giacometti: le long dialogue avec la mort d'un très grand sculpteur de notre temps," *Réalités*, n° 215, 1963。

《直立的裸女》，1954

在当今市场价值大获全胜的时代，艺术家的这一立场，会以其天真和善良令人会心一笑。

这个以一无所有和永恒的不定状态为荣的人能如此真诚地吐露他的信仰，却对直接的现实没有丝毫依恋，因为后者滋养着普遍平庸的欲望。而且他的现实不能是所有其他人的现实。他发明他的现实，就如他梦想或想象他自己的暴力。

正是这个看起来平和又审慎的人，像孩子一样，为了入睡，想象出一条通往森林的狭长小径，而森林里，就像童话故事说的那样，坐落着一幢灰色的城堡。那里，孩子掌管着毫无防备的男男女女的性命。他杀了他们，然后把他们埋在城堡下。床上消耗的这一切暴力给了他一种满足感，为他打开了入睡的大门。

要是他不曾讲述他童年的这段插曲，谁会料到，贾科梅蒂，至少在想象中，也能犯下如此的暴力？只有他的造物们能够证实他想象的这一面。茎秆上所有那些脑袋难道不是战胜生命之平庸的一场场胜利？这么多影子已逃脱了"满是死者的远古之夜，这些死者将在这作品中认出自己"[1]。为了让孤独——自愿的禁闭或有意的离群索居——成为我们最确定的荣耀，我们必须通过工作，一丝不苟地抵达那一状态。

桌上堆着许多文本。有些是无病呻吟，还有一些——更为罕见也更为珍贵——是被人默默阅读的无声伤痛。为了不发疯，安托南·阿尔托从其深渊的底部写作。当疯狂让他陷入可见的恐怖而一动不动时，他写作就是为了不再写作。即便有些句子重叠，不产生任何意义，它们也至少说了一样东西，那就是一个被生命所驱逐的人无以忍受的苦痛。阿尔托的言辞刺激着他的喉咙。它们被擦破、被毁坏，但尖锐，饱含愤怒。他的沉默和他的言辞一样可怕，欲言又止的言辞，携暴力和无礼脱口而出。因为阿尔托已在别

---

[1] 参见让·热内，《贾科梅蒂的画室：热内论艺术》，程小牧译，长春：吉林出版集团，2012年，第34页。

处，就在这浓密的黑夜里，而贾科梅蒂的雕塑，如魔法一般，从中冒出。萨特，在同热内讨论时，说过，"（贾科梅蒂的）梦想就是完全消失在他的作品背后。如果是青铜，那他就更高兴了，青铜从自身中展现出来"。[1]

雕塑朝贾科梅蒂走去。它们不得不踏上狭窄又漫长的街道，穿过脑袋攒动的无名人群，推开其画室的大门，然后在能够安身的地方就位。艺术家从不对这样的闯入感到惊讶。

他逐个了解它们，并从它们身上认出了做梦与等待的夜夜劳作。

"雕塑完全成形地浮现于我脑中，"他说，"我要做的只是在空间中复制它们，不加一丝改动，也不问自己它们意味着什么……"[2]

---

[1] 参见让·热内，《贾科梅蒂的画室：热内论艺术》，程小牧译，长春：吉林出版集团，2012年，第62页。
[2] 出自贾科梅蒂《我只能间接地谈论我的雕塑》（"Je ne puis parler qu'indirectement de mes sculptures"）。参见 Alberto Giacometti, *Écrits*, op.cit., p.17。

《艺术家的母亲》，1951

当我动笔写一个故事，指引我的正是词语——作家的青铜——仿佛我不认识的某个人跟我说了那个故事，并请求我转述给别的人。烦恼和快乐就源于此：我绝不清楚会发生什么，不清楚故事会如何展开，人物会成为什么或做什么，尤其是不清楚结局会如何。这就像自由的练习。角色是自由的，如同贾科梅蒂的雕塑，它们的自由在于模仿那些完全成形地浮现于他脑中的形象。它们创造了空间，介于它们和雕塑者之间的空间。

角色创造了虚构。它们指引虚构，滋养它又动摇它。写作就是不停地制作并拆解这个由难以捉摸的运动角色所编织的虚构空间。工作在于展示现实，不是它所是的样子——没有人知道它到底是什么样子——而是它对我们表现的样子，在残留中，在散乱的碎片中，在或多或少可信的视觉中表现的样子。必须把现实带入异境，进而将其揭示。

如果写实主义不存在，如果人们经常把它和苦难主义，和目光的极端贫困相混淆，那是因为真实总比

《轮车》，1950

表达出来的东西更强大。得有足够的力量和想象，才能向真实的复杂性和未知性致敬。

只有一位不知自己去往何处、不知其双手伸向何方的艺术家，才配得上现实的高度。贾科梅蒂正是通过目光在人物的灵魂中打开了一道缺口。并且，在最抽象也最有形的事物里：目光的在场照亮了半身像，细长，无比细长的腿，看不到尽头的胳膊，伸开的、坚决的手指，高高在上的脑袋，它不在地平线上，而在升起的天空上。

从这样的目光中，怎能不读出一次流离失所的单纯故事？

*

这不是一次引人注目的震惊的记忆，也不是一场转瞬即逝的疯狂的痕迹。贾科梅蒂的造物投来的目光不止如此。它是小说家眼中信息的矿藏。每个人都记得那孩童充满恐惧的目光，作为纳粹的未来牺牲品，他像成人一样，把手举在空中并等候。这目光和第二次世界大战一样出名。如果要雕刻它，就不得不首先转达它，从它的暴力和暴力所意味着的东西里阅读它。为此，单纯地再现一副因恐惧而肿胀的面孔，不过是在可笑地重复悲剧。

正是通过迂回，通过虚构，二十世纪的这段悲剧才能被说出。我不知道贾科梅蒂是否尝试过成为其时代的见证者。在我看来，他已完全做到了，并且他还见证了一种更广阔的人性，一种在日常生活中受创的人性。

依然不要忘了，他雕刻而不求表达自己。他做他的工作，而不使之承担任何信息或使命。他只是觉得自己在捕捉和扣留转瞬即逝的东西。但这是个错觉。他心知肚明，以此为乐。不过，看着空无中的脑袋，越来越瘦，越来越小，这足以在他身上激起恐惧。他观察世界，找出那些朝着荒谬又不定的命途无尽地走去的人。手向他透露：一个走在街上的人没有任何重

《猫》，1951

《安妮特 X》，1965

量。他靠双腿平衡地立着。他感觉不到他的重量。贾科梅蒂选择用眼睛和目光去恢复重量和平衡的困难。人的命运就在于此，在这个变得细小、无限的造物身上：他一直行走，从不转身。动作会变得实在、真切，只要我们用人性的眼光注视这个造物，心领神会，我们就会惊讶地发现，自己在以和雕塑一样的节奏行走，并牵住了它的手。眼睛，终归是造物的存在本身，而在这些毫不客气的镜子里，我们看见的正是我们自己的映像。"有一天，人们在街上看到的我就是这副样子。我就是那只狗。"[1]贾科梅蒂告诉热内。然后他雕刻的狗就是所有狗，他是在紧闭的门前驻足的最后一条狗；他看起来就像我们在梦幻或梦魇之夜看到的那个样子。由人的双手创造的一条狗，那双手在青铜中传达了不止一道目光，还有极其古老的伤痛的不安在场。

---

[1] 参见让·热内，《贾科梅蒂的画室：热内论艺术》，程小牧译，长春：吉林出版集团，2012年，第48页。

*

只须看看沙漠的照片,就会想道:这样一座沙丘背后,站着贾科梅蒂准备行走的雕塑。沙漠是一个从我们体内开始的地方,某种程度上,它当着我们的面蔓延。因此,有可能把我们内在的若干容貌,不论是真实的容貌,还是纯粹想象的容貌,植入那里。在此,视觉被沙子覆盖。视觉变得模糊。为了看清,必须想象。当人最终到那里时,人喜欢混淆海洋和沙漠:两者都勾勒着无限或不可能之物。勒·克莱齐奥不认得撒哈拉,说他"只是凭直觉、凭阅读、凭想象接近它。我认为,这片风景、这种文化有一部分就在我们自己体内。连同它的遥远、它的力量、它的永恒。当我们看着沙漠时,我们只看见一半,另一半在我们心中……"。[1]这正是我们与贾科梅蒂放在茎秆上

---

[1] 出自克莱齐奥与雷蒙·德帕顿(Raymond Depardon)的对话《啊,撒哈拉》("Ah, Sahara"),载《新观察家》(*Le Nouvel Observateur*)。

的一颗脑袋面对面时发生的情形。眼睛在面容中占据重要的位置，因为它们想要围住目光。但一道目光不过是一个意向，完全是揣测的、雏形初现的意向。雕塑家的工作是迫使我们追随最细微的意向、最渺小的暗示，把几颗沙粒变成一座山丘、一片高原、一场奇遇、一阵新的苦恼。

沙漠为何适合贾科梅蒂？因为他的造物出于本能，已在沙子里寻得庇护，为的是与它们自己较量，找回构成其血肉和其命运的那阵沉默。我不知道贾科梅蒂是否考虑过住在沙漠里。哪怕他脑中从未闪过这样的念头，该念头仍通过细微又隐蔽的暗示，刻在了迈向无限的运动所需的那些姿态上。如果有人向我证明，菲斯的"单人道"进入了游客的无意识，把他引向摩洛哥南部的扎古拉（Zagora），撒哈拉的入口，那么我并不会惊讶。这是一条精神的街道，任何把孤独作为存在之激情的地方都标有它的路线。贾科梅蒂的雕塑常给人一种印象：它们刚经历了一次所谓的

《高大的女人像》，1947

"横穿沙漠",或正准备干一场。它们从未平息过。或是投身于痛苦——它们就是出于这一痛苦才得以造就——或是刚渡过艰难的考验。不管怎样,它们被立起来是为了反抗屈辱。人在沙漠中失去了他的力量和他的愤世嫉俗。他被缩小了,尤其是从城市来的人。被缩小到什么地步?被缩小到胸无大志、斤斤计较的地步。沙漠是自命不凡、卑微缺失的福地。或许正因如此,雕塑会在这无边的、生动的地域里感到自在。对沙漠里惊愕的人来说——不管是迷了路还是被其所困——他应记住贾科梅蒂的雕塑所散发的巨大卑微。这很可能会帮助他从沙地里幸存下来,那些沙子包裹着晶体,以在夜晚讲述宇宙的故事。在这里,在这片广袤中,每个人都失去了庄严。只剩下秘密。沙子的秘密深不可测。众生的秘密不过是个幻觉。我们能看破它,尤其是面对一尊已由青铜占据上风的雕塑。一尊雕塑或一个幻见。沙漠是幻见之地。贾科梅蒂身上一定藏着一片不为地理学家和地质学家所知的沙漠。

正是通过他的作品，他恢复了作品的初衷：透明的人脸，几经考验的面容，绝对的沉默，独一无二的人类荣耀。

当贾科梅蒂的雕塑行走时，它们不发出任何声响。为了听清沙子上移动的脚步，需要一双极其灵敏的耳朵。运动几乎难以察觉。必须停下来，倾听一阵巨大的沉默喘息。他听到了，并给它填上青铜，还给我们。"沉默和静止，"他评论说，"侵入了现实。我觉得每一个运动都是一系列静止的时刻，它们被虚空的深渊、沉默的永恒分开。"

他复制杯子。他复制那失去呼吸的物体。他用沉默包裹它，然后把它放在桌子下，放在注定要被遗忘的角落里：只有通过复制，他才知道他从外部的世界里看见了什么。于是，每件作品不过是重新发现了一个世界，而这个世界恢复了内心视觉的维度。

《坐着的裸女》，1957

单人道

*

"世上一切不方便的事、一切烦心刺耳的声音，都聚集在监牢里；那里诞生的孩子，免不了皮肉干瘦，脾气古怪，心思别扭。"[1]这是堂吉诃德在其创造者笔下的定义。塞万提斯让这个皮肉干瘦的孩子上路，走遍天下，好让我们想起原初的伤痛，不是原罪的伤痛，而是伴随诞生出现的伤痛。我不知道贾科梅蒂是否读过塞万提斯，但行走的人就是堂吉诃德的沉默复像，仅此一次，他投身于他的孤独和他深沉的冥思。这虚构的人物加入了他的复像。他们并排行走，一言不发，但他们的思想躁动着，不知不觉间相通。只需一点点运气，他们就能在这条灰色的荒漠之路上，遇见卡夫卡的影子，他梦想着不可能的爱情。

---

[1] 引自《塞万提斯全集·第六卷：堂吉诃德（上）》，杨绛译，北京：人民文学出版社，1996年，第3页。

《画室内部》，1949

单人道

*

"日子过去,而我心生错觉,以为自己就这样抓住了转瞬即逝之物":精准的直觉给出了本质的道理,哪怕它于我们显得可笑或虚妄。

街上行走的一个人。没有什么不寻常的。然而,当贾科梅蒂雕刻这个人时,最震撼的地方在于,无限的单纯性变成了不寻常的东西。我们惊讶地把自己当成了这座准备跨越陆地和海洋的雕塑,就像有一天他把自己看成街上的一只狗。他是狗,正如雕塑是人。不过,"存在着一些想象力的英勇举动,不被其恋人们背弃"(勒内·夏尔)。[1] 观看并复制内在目光接收的东西:有时,就连其窥伺者也不知其为何物。

因为他曾长久地"通过摸索,试着从虚空中捕获神奇之物颤动的无形白线,事实和梦想皆从中逸出,

---

[1] 出自夏尔的《沉睡之窗与屋顶之门》("Fenêtres dormantes et portes sur le toit")。参见 René Char, *Œuvres complètes*, Paris: Gallimard, 1983, p.610。

还有溪流在珍贵生动的小碎石上发出的声响"[1];因为他不止一次打造并拆解同一张脸,因为每一次从贾科梅蒂手中诞生的造物都"细长、透明,就像大火中教堂的彩画玻璃窗,优雅,就像残垣断壁,因失去重量和古老的血脉而受够了苦。但它们高傲果决,如同那些在灌木和灾难不可消除的光芒下,毫无畏惧地参军的人"。(勒内·夏尔)[2]

*

有天,贾科梅蒂病了,没有来他的画室。门关着,但稍用力,就能打开。温和的阳光洒在桌子上、碎布间,断断续续地照亮永恒的面容。不管是受到光线影响,还是出于习惯,这些雕塑开始慢慢地移动,

---

[1] 出自贾科梅蒂的《草炭》("Charbon d'herbe")。参见 Alberto Giacometti, *Écrits*, Paris: Hermann, 1990, p.6。
[2] 出自夏尔的《寻找谷底与顶峰》("Recherche de la base et du sommet")。参见 René Char, *Œuvres complètes*, Paris: Gallimard, 1983, p.686。

《坐着的女人》，1948—1950

《画室里的三个雕塑》,1947,布拉塞摄

一点也不拥挤或慌乱。每尊雕塑都走着寻常的路，围着材料和主人的位置打转。画室变得生机勃勃；缺的只是艺术家。在那张让贾科梅蒂遗忘了某些雕塑的著名的桌子底下，一个声音开始朗诵一篇文本。只听它说："求真、求实、求内在、求良知的癖性和热情是多么讨厌啊！这个忧郁而热情的驱动者为何老跟着我？我需要休息，可它不答应。许多东西并不能引诱我在此停留！到处有我的乐园，所以，我的心一再被撕裂，一腔无穷的辛酸！我必须继续迈开这疲倦的、伤痕累累的双脚，我必须前行，故而每当我转头回望那些无法挽留我的至善至美的事物，不免有些怨恨——因为它们无法挽留我呀！"（尼采《快乐的知识》）[1]

如此说话的声音已不再受苦。这是贾科梅蒂治好的一道伤痛：他复制伤痛，把伤痛从生命中抽出，

---

[1] 引自尼采，《快乐的知识》，黄明嘉译，北京：中央编译出版社，1999，第214、215页。

使之成为一段鲜活的记忆。它被造出来,就是为了做证。别的也不例外,但这一尊把脚放在一块格外沉重的底座上。它被锚定在一座高地上,而它的目光并不高傲。在那里,在那张泪水悄然滑落而不被人看见的面孔上,凝聚着一整个人生。这人物必定一生都拒绝满足于"安逸的平庸"。他不顾旁人的羞辱,拥有追求绝对的品位。

必须给他一个名字,为他设计雕塑和避难所吗?无所谓!不安又充满激情,他想让自己成为贾科梅蒂的全部雕塑。他不代表任何优越感,只代表人与其图像、生命与其影子之间的完全等价,而在这影子得以塑造的浓厚黑夜里,苦恼从贾科梅蒂的指尖脱离,并在他的画室里游荡,直到让那些起初没有生命或看起来没有生命的物体发出叫声或开口说话。

贾科梅蒂在一个不寻常的时辰回到画室,所有雕塑都凝固在原地,但他注意到有些东西被挪动过。有一会儿,他觉得是路过的一位朋友触碰了那些物

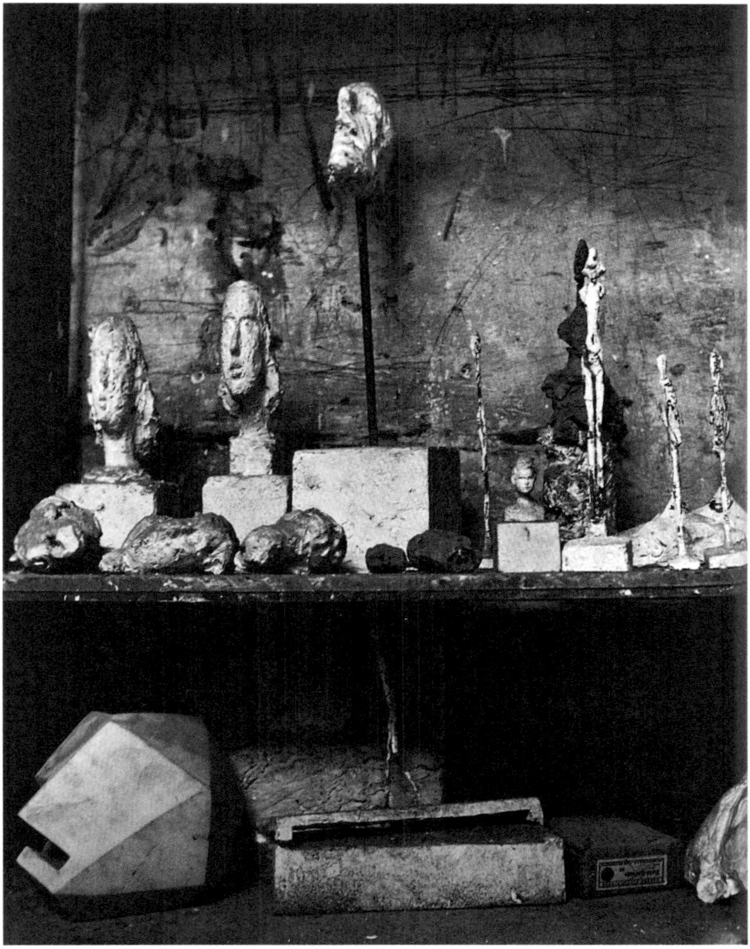

《鼻子》,1947

品。当他重新开始工作时，他意识到，他正在制作的迭戈的头像满脸汗水。他拿起一块布，没有去擦塑像的额头，而是抹了抹自己的脸：他的脸其实已被汗水浸透。

*

这小巧的脑袋就像身体末端的一个拳头，一条近乎垂直的线，绳末的一个结。身体已摆脱了一切多余的东西：肉，衣服。身体已被刀片去脂，以支撑起这颗如此复杂的脑袋，它充满了问题和不屈的想法，眼窝空洞，眼睑无存，目光溢出。轻轻抬起的手用指尖提着一把想象的秤。

这小巧的脑袋，从暮色中挣脱，守夜不眠。它注视我们，威慑我们。贾科梅蒂把它从青铜中提取，因为他从中看见了：这样一个魅像，一道完满的影子，注定是一个在场、一段记忆，厚重，沉默，近乎熟悉。

《室内，坐着的安妮特》，1951

扁平的脑袋就像一块磨损的刀片，坑坑洼洼，落满凝固的尘埃，镀着金光，留出几处绿斑。在这颗脑袋上，面颊交流而不触碰，鼻子如狭窄的峭壁般落下。这颗脑袋属于我们，它是我们的失眠在我们身上分娩出的脑袋，是黑夜在疲惫不堪的清晨留给我们的脑袋，我们曾与之苦苦搏斗。这面容属于我们迷茫的孤独，掩藏在我们为了辩解或撒谎而结结巴巴吐出的句子背后。这伤痛的嗓音属于比莉·哈乐黛（Billie Holiday）：当她寻找一副面容，并在这极度纤瘦的身形中，在一张深陷绝望的扁平侧脸中，认出了自己。哈乐黛歌唱，而她的嗓音萦绕这个面容，围着它、裹着它、盯着它，不知不觉就深嵌其中。

比莉·哈乐黛的嗓音就是贾科梅蒂的手，它探入青铜内部，凿出一道目光、一声呼唤、一阵缓慢又痛苦的呐喊：发自酒吧里自我耗尽的生命，化为烟气消散的生命，化作烟灰落在钢琴家膝盖上的生命。这是被多少苦厄打破又碾碎的生命所流露的泪水和欲望，这是何其古老、由来已久的记忆发出的嗓音，是被人装上旧船的奴隶发出的嗓音。这嗓音遇见了一双手、一道深刻的目光和一阵巨大的同情。它几乎不经意地来到了这间供暖不足的小画室，一只光秃秃的、简单又寒酸的电灯泡就是其全部的光源。我不知道贾科梅蒂是否听见了，但这嗓音已渗入他的工作。也许他知道吧，也许他不知道，不管怎样，就像安托南·阿尔托的喊叫，就像卡夫卡难以企及的爱情的幻影，就像热内咄咄逼人、桀骜不驯的苛刻，就像贾科梅蒂故乡上方笼罩的天空，比莉·哈乐黛的嗓音拜访了这个人，并成为黏土、青铜、石膏，构成一具无止境的身躯尽头出现的那些小巧的脑袋。

当我们，在赫伯特·马特（Herbert Matter）拍摄的照片里，看见贾科梅蒂老家房子附近的两座高山，岑加洛峰和巴迪勒峰时，我们就明白，他建造的那些脑袋重现了这峭壁的硬度，上面的岩石以金属的傲气耸立，冷漠又孤独。在白雪覆盖的高山脚下，斯坦帕

《安妮特Ⅳ》，1962

《小裸女》,1964

森林成了一间画廊,那里立着光秃秃的孱弱冷杉,像是为了提醒我们,它们被艺术家安放在此地。

稍远一点,在他的画室里,掉光叶子的树成了一个年轻女子的身体:没有乳房,没有屁股,修长又瘦削,胳膊紧贴着身体,以至于这不再是一个年轻女子或年轻男子,而是一声喊叫,更确切地说,是一个彻夜念叨的冗长句子,或层层堆砌的词,它们被这刚脱离嘴巴的内在嗓音粘在了一起。高亢的话语,没有断句,只有些许迟疑。一只有把握的手画了一条线,从底下一直画到顶上,只是想传达大地的沉默和存在的极端孤独。这只手长在了我们身上,成就了我们,给了我们写作或画画的勇气,它一边击垮我们,一边赋予我们安宁,不是良知的安宁,而是尽心尽责、大功告成的安宁,尽管那样的完工怎么也无法令人满意。正因如此,面对贾科梅蒂的作品,我们充满谦卑。我们惶惶不知所措,因为这个人,远离世界,远离一切商业价值,成功地向我们表达了一切:他挖开土地，凿空金属。他记得人类的悲剧，不管是即时的悲剧——比如他在纳粹时期亲历的悲剧——还是遥远的悲剧，自人羞辱人以来就有的悲剧。

丹吉尔

1990年8月

《尤利尔山口风景》,马特摄

《尤利尔山口风景》,马䦃摄

《迭戈半身像》，1954

画室访魅记

《伊波利特-曼德隆街46号》，马特摄

贾科梅蒂的画室，位于巴黎第十四区，伊波利特-曼德隆街46号乙——该街以得奖无数的雕塑家和版画家伊波利特-曼德隆（Hippolyte-Maindron，1801—1844）命名——而放大了空间的那段童年记忆是一个错觉，是向着虚无的一次坠落，是同校孩童的叫喊声中的一阵沉默：画室不再记得那些。承受不住缺席，它缩成了一些不再有用的物体：桌子，罐子，旧瓶，木屑，小玩意。它们是孤独的档案，漫漫长夜的记录。贾科梅蒂在1927年租了这间画室，此后就没再离开过，直到他去世。

不久前，一位画家——同时也是雕塑家、艺术品修复师、巴尔蒂斯的老合作者——占用了其中一部分。他被这个地方吓到了，进入时轻手轻脚，不破坏任何已有痕迹。他叫米歇尔·波旁（Michel Bourbon），他没想过自己有天会回到贾科梅蒂先生的画室。事实上，正是他，出于一次奇怪的巧合，在1972年5月底，负责带领几个泥瓦匠揭开然后清空贾科梅蒂画室的墙壁，上面留有那么多贾科梅蒂的痕迹、草图、样稿。一切，包括草草记下的电话号码，都被小心翼翼地卸下，后来还在圣保罗德旺斯（Saint-Paul-de-Vence）有过一次为期数月的展出。这次拆迁启发米歇尔·莱里斯写下一篇文章，他在结尾处描述了一幅怪异的素描，画的是一个在船中划桨的人："几根十分简洁的线条精巧地划破了墙壁，并构成了一个依稀可辨的图像，其主题本身没有丝毫阴森之意，却不免让人想起我们古代异教创造的最黑暗的神话。"[1]不过，要怎样才能拆移这些留有画家草图、素描和雕塑方案的墙壁呢？这是时间之外的一次安置，而时间属于一位对后代不甚关心的艺术家。他怀有一种秘密的痛楚；他颂扬孤独，颂扬那些以身承担残弱之命运的人。

我就在贾科梅蒂工作了一辈子的地方，但这地方不属于他。他同安妮特一起生活的那个房间，现在住着一个女人。她是个租客。房主已把房子赠予城市，加以维护，不过，没有赶走那些让艺术家感到亲切的灰尘。他选择原封不动地保留，或几乎保留为如此。

四处是陈旧的灰墙，流露着哀伤的色彩、虚无的色彩。上方，有几处，是铅笔或炭笔画的素描痕迹，在这洞窟、地窖、仓库，或满是阴影的单纯坑穴里，时间的音节已凿出一条又一条沟壑。无须费力，就能从中突然认出贾科梅蒂的侧影，我们猜他正弯腰对着

---

[1] 出自莱里斯的《另一时辰，别的痕迹……》（"Autre heure, autres traces..."）。参见 Michel Leiris, *Ecrits sur l'art*, Paris: CNRS, 2011, p.298。

《贾科梅蒂在画室门口》,1948,安德里斯摄

一堆青铜，修长又宽大的手在处理材料。我们听见了材料的声响、身体的声响、身体的吸气和喘气。这整个地方是如此狭小，以至于我们纳闷，他到底如何做事，如何安顿自己。他肯定不怎么走动，专注于工作，头也不抬。

地面不再是夯土，而是坚硬的水泥。房间的地面被重新铺上一层红色的方砖，简单，但并不好看。贾科梅蒂可不想这样，有时他筋疲力尽，就睡在地上，以尘为床。如同让·热内，他不在意舒适。他无法想象自己去别的地方，他只能在这里，在这间底层，周围的一切都很破旧、简陋。他需要这个来创造一些事物，它们的潜能、力量——我犹豫着要不要加上"美"——会让他忘记这个令人难以呼吸的地方。"在这间画室里，一个人慢慢地死去、耗尽，在我们眼前化为女神。"（让·热内）[1]雕塑就是女神。它

---

[1] 参见让·热内，《贾科梅蒂的画室：热内论艺术》，程小牧译，长春：吉林出版集团，2012年，第86页。

《莱里斯在贾科梅蒂的画室》，1972，伯恩斯摄

们住在这里，甚至且尤其是在它们还未完成的时候。它们等着不在场的、流落在外的、被人遗忘的事物归来，于此认出自己。

房间中央是一张桌子，它有许多抽屉，也许就是贾科梅蒂在用的那张桌子，他把他的雕塑藏在底下。雕塑早已消失。墙上，米歇尔·波旁挂了几幅他的画。他告诉我，他拿不定主意，然后选了一些画，画中的绿色给出了一丝生机。但此地的灵魂，"守护神"，仍未离去。

我又一次想到，萨缪尔·贝克特笔下的一个人物应在这里得到构思和杜撰。高大、纤瘦、庄严，脑袋迷失于时而琐碎、时而沉重的波折。也许是一条肚子空空的狗、一只不温顺的猫、一件如此不寻常的具有人性的物品。这样一个存在坚信"不断地有谣言，或者确切地说有一种观点，认为存在着一个出口。对那些相信可以从隧道里找到出口的人来说，这个出口

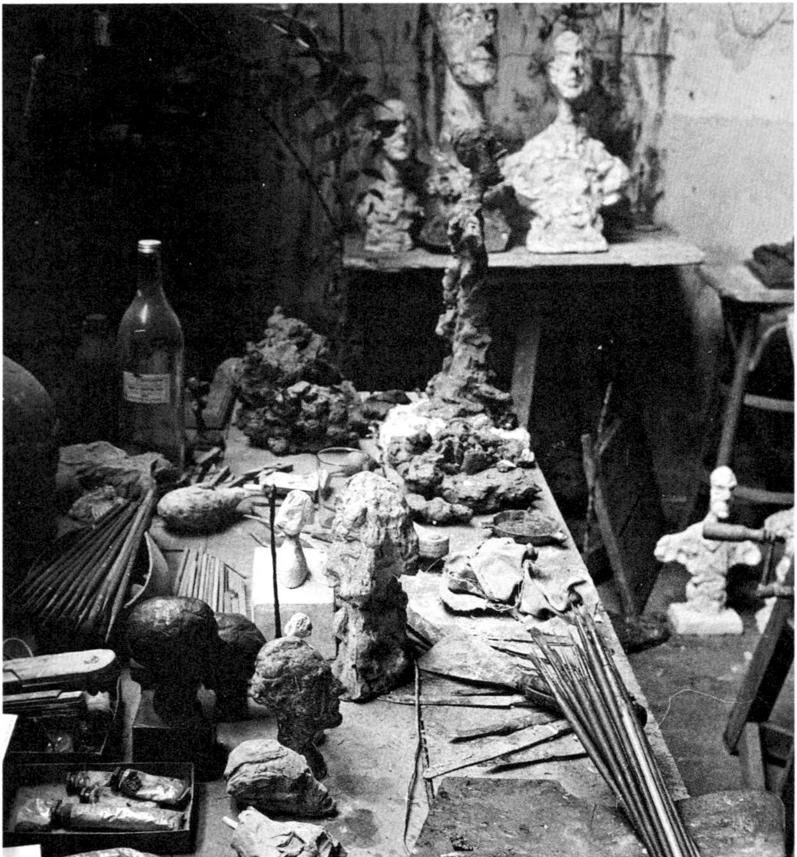

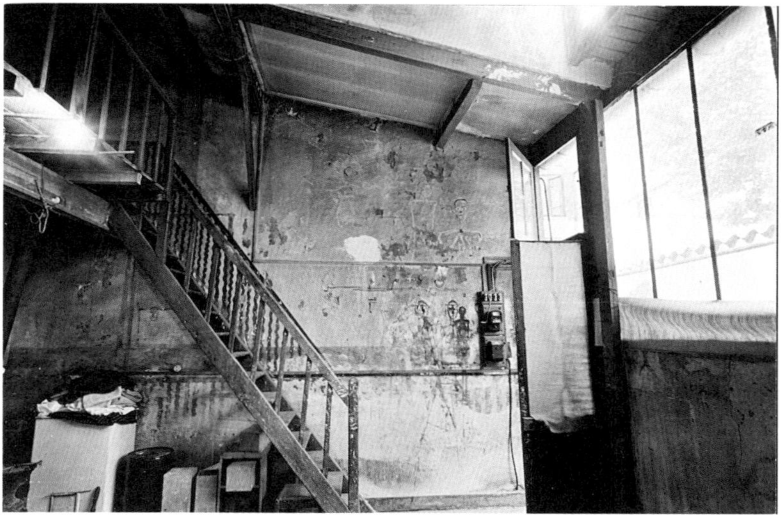

是有可能存在的，即便并不梦想用得上它也可以设法去寻找。而对活板门的信奉者来说，就不用费这个心了，因为天花板的中心根本够不着"。（萨缪尔·贝克特，《灭绝者》）[1]出口……这间画室的天花板是如此之低，实则难以够到。门口与大街之间是狭窄的过道。这里，一切都在寻找出口。

但这不是贾科梅蒂自己提出的问题。正如米歇尔·莱里斯指出："这间常在他的绘画和图示作品中出现的画室，对他来说，似乎不只是一间实验室：它是他个人和（可以说，他看起来所属的）外壳的一个附肢，一个延伸。"[2]在贾科梅蒂的工作和他的画室之间，不仅有一种潜移默化的相互影响关系，还有一种名副其实的等同关系，仿佛一离开这个以简陋为住所的空间，他就没法创作。

---

[1] 引自贝克特，《短篇集》，邹琰等译，长沙：湖南文艺出版社，2016 年，第 223—224 页。
[2] 出自莱里斯的《另一时辰，别的痕迹……》。参见 Michel Leiris, *Ecrits sur l'art*, Paris: CNRS, 2011, p.291。

很难想象，贾科梅蒂和贝克特，这两个例外的存在，会生活在宽敞的空间内，那里光照充足，阳光柔和，还有一群怪胎相伴。他们是孤独的，他们是人间的异客，是世间生意的局外人，他们陷于深深的沉默，沉默庇护着他们，让他们远离喧嚣的蹂躏。他们身处最不合理的、最不切实的真实，真实滋养他们的作品，而只有诗人察觉到这真实的真相。欢乐和笑声不走运。万物的逻辑倒了霉。这就是为什么，此类存在，常把自己隔离在一个十分狭小的空间里，只比坟墓大一点，而他们编织的生命之绳，也愈发地被死亡，被死亡的疾病，所侵蚀。威廉·福克纳在《蚊群》中描述过一个人，他"面对世间含糊不清的可笑黑暗，保持激情、单纯和永恒"。[1]我看见了这个人，他就在这儿，也在画室里，被生活击沉，无尽地迈入荒漠的空间，在一块沉重的底座上生根，身上却散发着"赤裸的威严"。

---

[1] 参见 William Faulkner, *Mosquitoes*, New York: Liveright, 1927, p.11。

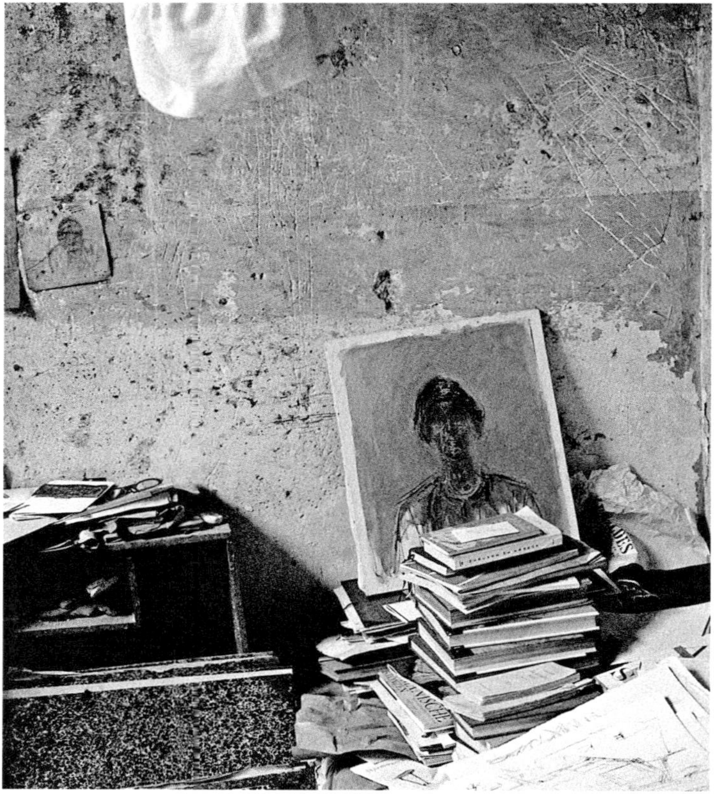

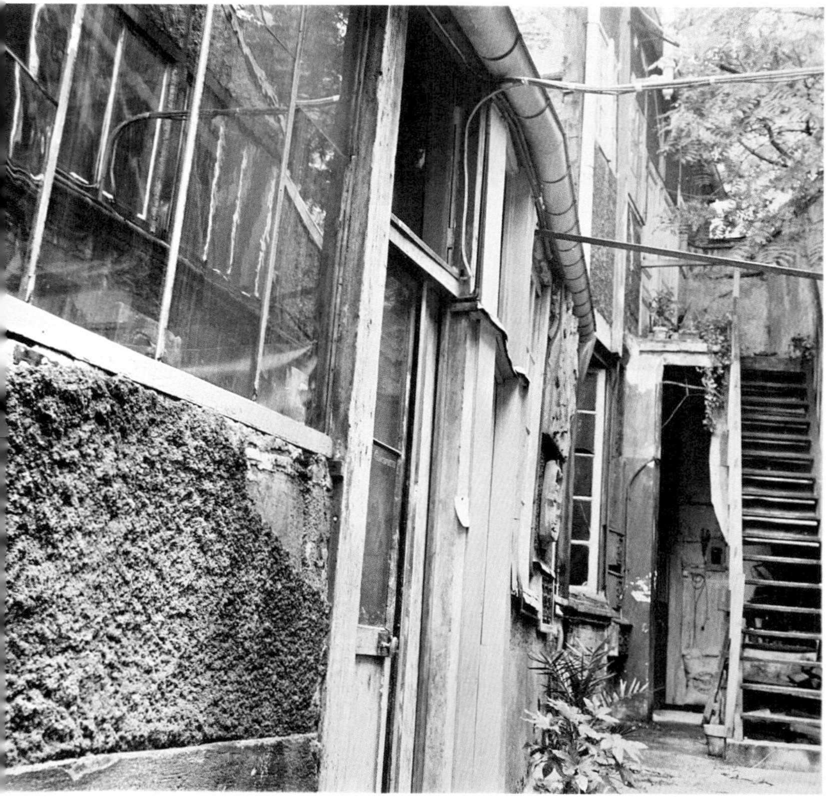

如果让·热内,像贾科梅蒂一样,满足于空荡荡的小房间,住在火车站附近给推销员准备的旅馆里,那么,这并非偶然。他喜欢这些无名的地方,因为这里的夜晚早早开始,而他咽下两片强效安眠药后,就进入深睡。生命末年,他接受了朋友布廖内(Bouglione)借给他的一间工作室,它位于一栋新建的大楼内,离皮加勒区(Pigalle)不远。没过多久,让·热内就让它变得难看了:一条很快被弄脏的劣质绒毯上,随意地堆着牛奶盒、香烟盒、烟蒂、烟灰、尘埃。他已从贾科梅蒂那儿发现了简朴,而他也想融入这巨大的简朴。为此,他只需回想他在监狱里的单人牢房。一天,同一位女性朋友一起拜访他时,我们向热内提出帮他打扫房间、清洗浴室。他拒绝了,并且发了火。"不!什么也别碰!要是我愿意,我能让这地方和钻石一样干净,但我不想。为了走出监狱,我不容有失、无可指摘地提笔写作;但在这里,我什么也不写。"

贾科梅蒂对安逸的近乎自然的冷漠,到热内身上,就升级成了敌意,成了对贫困的欲望。钱不是问题。他们都追求本质的东西。尤其是不粉饰表象。

迭戈就在旁边,在洗手台上准备塑模用的石膏。两兄弟擦肩而过,如同幽灵,发出揉纸的声响、坠梦的声响、干燥的声响,一个句子掉入虚无的沉闷声响。他们待在这儿,身处一堆杂物之中,其破旧还维持着一种"蒙尘的贫困"(米歇尔·莱里斯)[1]。贾科梅蒂把他从未满意过的作品放在这儿。他任其落灰、杂乱无章,将其留给沉默,留给此地游荡的死亡。当迭戈结束准备工作时,雕塑们似乎突然不待在原地了,它们动起来,一个接一个,走到大街尽头;可以说,它们像拥有灵魂的刀片一样割开了空间。它们为摄影师亨利·卡蒂埃-布列松(Henri Cartier-

---

[1] 出自莱里斯的《另一时辰,别的痕迹……》。参见 Michel Leiris, *Ecrits sur l'art*, Paris: CNRS, 2011, p.292。

Bresson）摆造型。街道荒芜了。在"轻浮之美"统治的缅因大道或阿莱西亚大街上，一个直立的人占据了整个场所。这也许是八月的一个礼拜日，与众不同的一天，贾科梅蒂的众多侧影就在这个日子浮现。没有行人，小酒馆关了门，商店也是。一个虚无的日子，没有重重叠影，没有人寻找面包或香烟。不，街道属于贾科梅蒂塑造的角色，它们到了室外，庞大、崇高、沉默，升向云端。也许就在这一天，我告诉自己，贾科梅蒂觉得自己是条狗。

贾科梅蒂要怎样让他的雕塑从这个"坑穴"里浮现呢？看着它们的威严，很难承认：它们没有在一个宽敞的空间内，由一些不凡的手段创造出来。也许，就像诗人让-皮埃尔·杜普雷（Jean-Pierre Duprey）所说，他只是被鬼魂萦绕："我看见的不是海的表面，而是它的深处，它的坑穴，它的怪物，它的幽

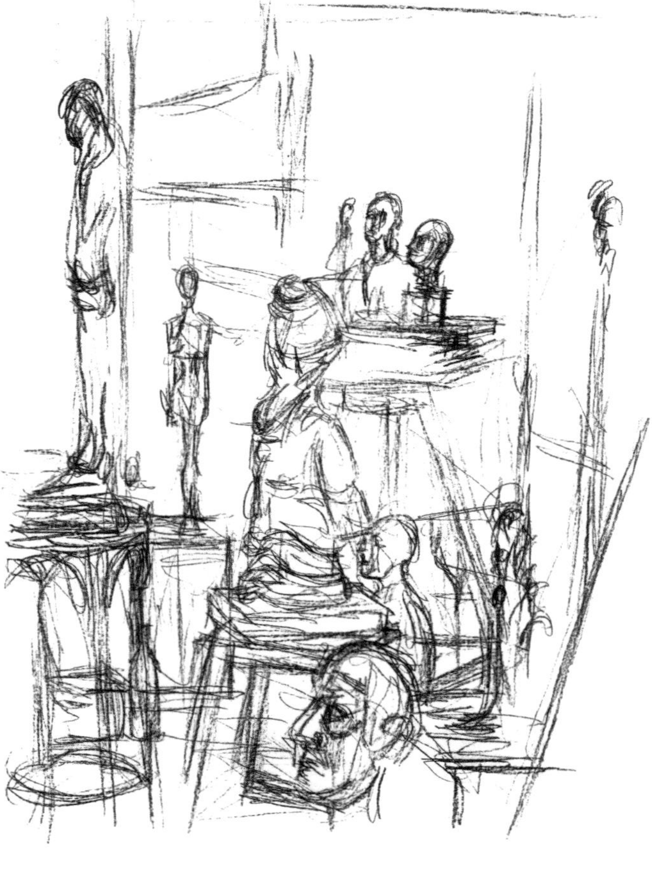

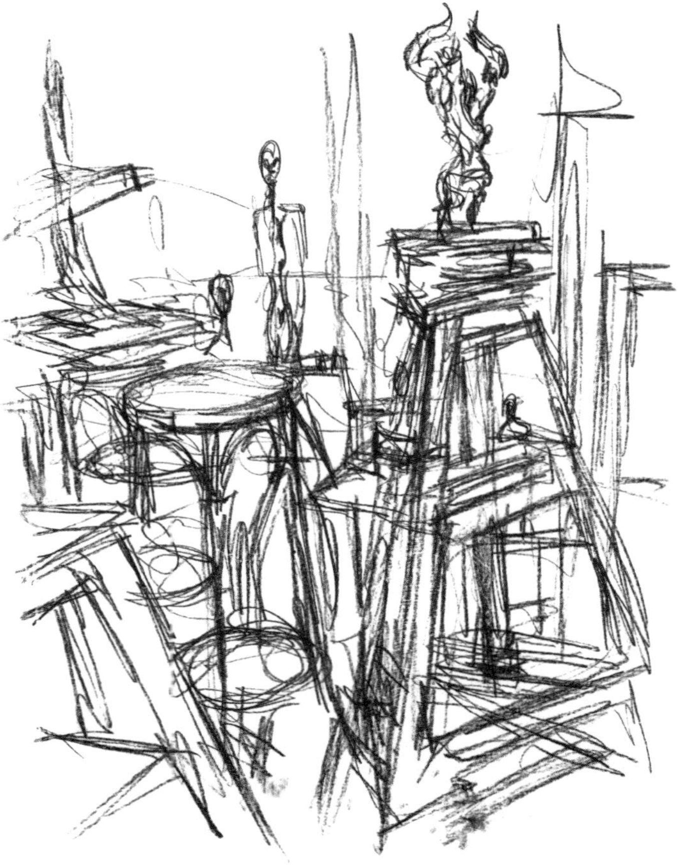

灵。我的眼睛已为地平线启程。"[1]贾科梅蒂在夜的阴影中安身,长夜侵蚀了他的目光,将他毫不掩饰地引向本质之物。不论在哪,作品都来自这个黑夜,来自这些阴影,来自这人性的寒冬。他看见的不是一个游水者,而是一个溺水者;不是一个步行者,而是一个憔悴的流亡者,一个残余的人。

画室的墙守护着一团熄灭的火留下的痕迹。在一扇窗户的玻璃板上,迭戈涂了一层白色的材料,某种让光线照进来的乳浆。但阿尔贝托需要光线才能工作吗?一切都在他的头脑中,在他的灵魂里,在他的身体上。他必须让这些角色一个个浮现,好让自己喘息,变得轻松,不再受梦魇困扰。整整一生,他都奋力从他的身体里排出这些挤在里面的异类身体。唯一没有从这内心的仓库里浮现的雕塑是他的妻子安妮

---

[1] 出自杜普雷的《调解者》("Médiateur")。参见 Jean-Pierre Duprey, *Œuvres complètes*, Paris: Christian Bourgois, 1990, p.271。

特。那是一种福气，是从未从他心头离去的快乐美好的存在。

阅读让·热内关于画室的文章时，我曾想象贾科梅蒂在别处，在一个院子或一个大房间里，让他的模特们摆好造型。事实上，一切都在这里发生：一片低矮的灰树林，几团熄灭的火焰及其留下的黑色痕迹，一些来自别处的存在，一段别样的时光，一个没有现身、没有敞开心扉的世界。这是沉默，是重复了千百次、一直在转圈的轨迹，仿佛它试图捕获的，不是一副面容的图像，而是面部皮肤背后的生命。光线窒息了，空气像是凝缩成一片风暴过后的森林。这里没有幽灵，就连一丝气味也没留下，像是为了布下迷阵。

紧挨画室的小房间是他们的住处，他们的卧房、餐厅和会客室。有一只床头柜、一个装满碟子的洗手台、几张墙上的海报和一些椅子的部件：一个得到最

《热内画像》,1954—1955

大化利用的极小空间。阿尔贝托、安妮特和迭戈就坐在这里，说话，休息，因为天空和他们的灵魂拥有一样的颜色，一种深入骨髓的忧伤，一种会在夜间永驻乃至令人失眠的疲倦。

阿尔贝托·贾科梅蒂一生都依恋着他在格劳宾登州（Grisons）、斯坦帕附近的故乡，他喜欢去那里探望他的母亲，母亲的房子十分简朴。也许就是在那里，他第一次发现了米歇尔·莱里斯所谓的"被还原为一种最低限度的生活方式的居所"[1]。

如今住在贾科梅蒂房子里的女人也许不知道这一切。一层阁楼侵占了空间，创造出一间悬空的客房，就如同在昔日那匮乏和极度贫困的年代。住在这里就不得不与安妮特和阿尔贝托的记忆一同生活。但在一个无所事事的礼拜日的颓废时光中度过的所有那些时刻去了哪里？洒在石头上、缝隙间的记忆又流向哪

---

[1] 出自莱里斯的《另一时辰，别的痕迹……》。参见 Michel Leiris, *Ecrits sur l'art*, Paris: CNRS, 2011, p.292。

里？它们已经生锈，变为尘埃并与灰烬重聚。

第十四区的这片地方一直是个闹市。不远处就是普雷维尔（Prévert）及其团队生活的城堡街。餐馆并不浮华，没有塑料贴面板，也没有喧闹的灯光。房屋不是很高，小店铺不少，路面都被铺过，墙上没有什么广告海报。贾科梅蒂找到了这间画室兼公寓，并把他的器材放在这里。对他而言，廉价的租金比街区更重要。他不乱花钱，尤其是不想被人看见或打扰。因此，这是个理想的地点。如此的生活方式，无意间，巧妙地印证了诗人让-巴蒂斯特·沙西涅（Jean-Baptiste Chassignet）在文艺复兴末期所写的话：

> 我们的生存不过是一次永恒的死亡
> 逝去的时间不再有，
> 另一时间还未到来，
> 当下就在生死之间无精打采。

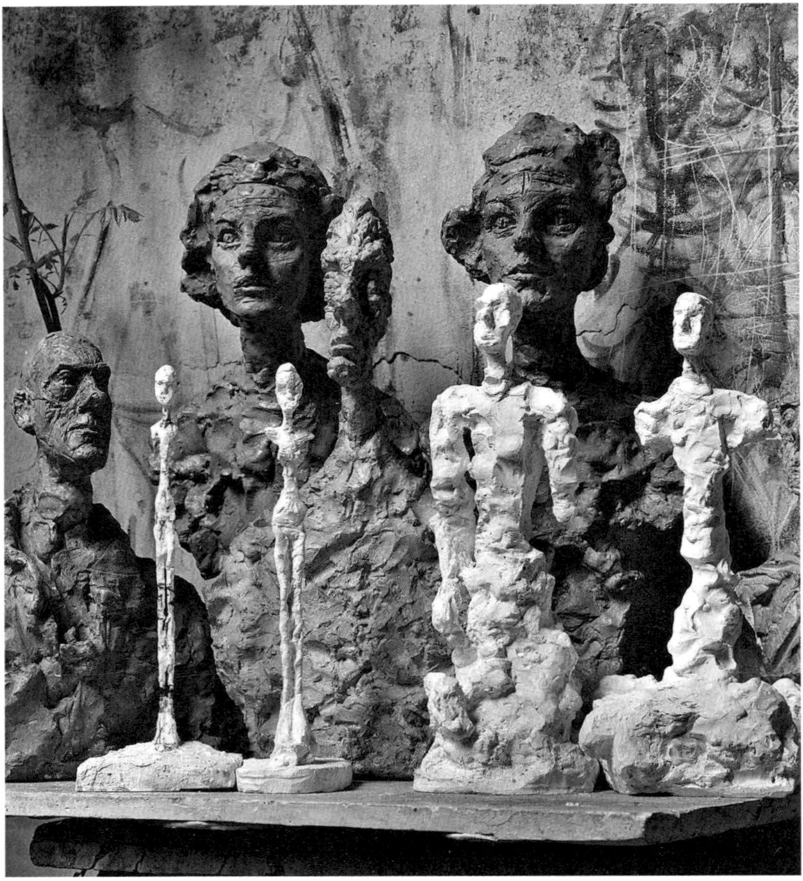

总之，死亡与生命在所有时间中相似。

围墙之内，贾科梅蒂每日沉浸于他内心的小酒馆，他的"活板门"，忘记了黑夜，尽管凭那么多隐约的预感，他知道黑夜已降临街上，而这条街也迷失于其他更宽敞、更明亮的大道。他的双手造出的物体带有几分清澈、几分单纯、几分确定。不必晃动它们，好让材料的赘余抖落。在他雕刻的同时，他造就了他自己的本性。这就像贝克特与他笔下的角色，就像热内与他的执着，就像让-皮埃尔·杜普雷与他无边的忧伤——他在自杀前夕写道：

外边，雪夜广阔

里边，死亡只待

羽翼一振。[1]

---

[1] 出自杜普雷的《动作》（"Mouvement"）。参见 Jean-Pierre Duprey, *Œuvres complètes*, Paris: Christian Bourgois, 1990, p.189。

*

在这个满目缺席的地方，我的拜访也许没有发生，我想象了我的拜访，我怀疑，然后我回想起了某些图像。我记得一个炽热的下午，那是六月的一天，阳光强烈，空气轻盈。我和托马一起步行寻找画室。我们经过植物街、沙坑街、贝纳尔街。在伊波利特-曼德隆街，一家小旅馆（两星级）甚至名为"巴黎花苑"。如今，在这角落，贾科梅蒂再也找不到一个工作和居住的场所。他必须走得更远，走到郊区的某处，尽管他需要的只是那么一点地方。他曾向米歇尔·莱里斯吐露："他适合做一根人形树干，安在壁炉上……"[1] 他的生活，他的梦想，他的激情，他的无声怒火，他的深度忧伤，全在他心里。他孤独地活着，他没有把这份孤独传给他的妻子和他的兄弟，而

---

[1] 出自莱里斯的《另一时辰，别的痕迹……》。参见 Michel Leiris, *Ecrits sur l'art*, Paris: CNRS, 2011, p.292。

是将其有力又优雅地注入他所雕刻的物体。他的工作就是他的出口。他没有别的选择。于是，他在这个地方越陷越深，而这间画室，阴暗得就像一片浓密的森林，撞击着所有时代的黑夜。

巴黎

2006年6月

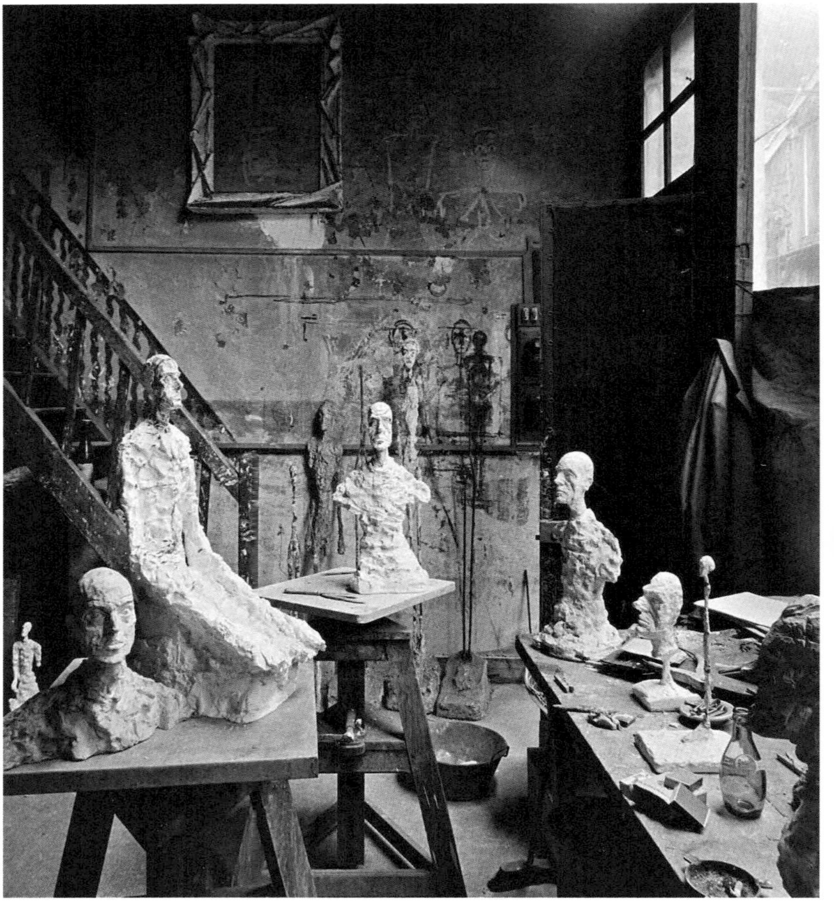

贾科梅蒂年表

1901年

10月10日，阿尔贝托·贾科梅蒂出生于瑞士的博尔戈诺沃。父亲乔瓦尼·贾科梅蒂是知名艺术家，母亲安妮塔·贾科梅蒂出生于斯坦帕。弟弟迭戈出生于1902年。妹妹奥蒂丽娅出生于1904年。

1906年

贾科梅蒂一家定居斯坦帕。1907年，阿尔贝托的第二个弟弟布鲁诺出生。1910年，阿尔贝托的父亲开始向他传授素描和艺术史。1913年，阿尔贝托画了他的第一幅画：《带苹果的静物画》。

1914年

阿尔贝托·贾科梅蒂完成了他的第一件雕塑——弟弟迭戈的半身像。

1919年

阿尔贝托·贾科梅蒂年满十八岁，被日内瓦美术学院录取，后又前往工艺学院学习雕塑。

1922年

来到巴黎。他进入安托万·布德尔的画室学习了几年。

1925年

两件雕塑作品，《迭戈》与《半身像》，在杜伊勒里沙龙展出。

1927—1929年

阿尔贝托·贾科梅蒂定居伊波利特-曼德隆街的画室，并在此度过了一生。他结识了安德烈·马松、米歇尔·莱里斯、雅克·普雷维尔、罗贝尔·德斯诺斯和雷蒙·格诺。他还遇见米罗、考尔德和安德烈·布勒东，几年后，遇见巴尔蒂斯。

1932年

在皮埃尔·科勒画廊举办首次个展。

1933年6月，父亲去世。

1934年

经朱利安·莱维安排，在美国纽约举办首次个展。

1939年

阿尔贝托·贾科梅蒂制作了一些小尺寸的作品。

他遇见了毕加索、萨特、西蒙娜·德·波伏瓦。

1942年

在日内瓦旅居期间,他遇见了安妮特·阿姆(七年后,两人结婚),以及阿尔贝托·斯基亚。

1945年

回到巴黎。他画了许多迭戈、安妮特和母亲的肖像。

1948年

在纽约皮埃尔–马蒂斯画廊举办大展。萨特为展览画册写了文章。

1951年

在巴黎玛格画廊举办首次展览。他为乔治·巴塔耶、勒内·夏尔、米歇尔·莱里斯、雅克·杜班的书配图。

1953年

他为贝克特的戏剧《等待戈多》设计了布景，并与让·热内结下友谊。在纽约古根海姆美术馆和伦敦举办作品回顾展。

1964年

母亲去世。玛格基金会在圣保罗德旺斯举行落成仪式，他的相当一部分作品都存放在那里。

他着手准备《巴黎无止境》，一部配有许多平版画的作品，并亲自写好了文字，但未能完成。该书在他去世后出版。

1966年

1月11日，住院一个月后，贾科梅蒂在瑞士库尔的医院去世。

N